Vos grandes perruches
ou
Inséparables

Dans la même collection

- Votre Perruche ondulée
- Vos grandes Perruches ou Inséparables
- Votre Perruche Calopsitte
- Votre Hamster
- Votre Chiot
- Et pourquoi pas un berger allemand
- Votre caniche
- Votre lapin
- Votre Aquarium
- Votre Bassin de jardin avec des poissons rouges
- Et pourquoi pas des plantes dans mon aquarium

Vous intéresse-t-il d'être tenu au courant des livres publiés par l'éditeur de ces ouvrages ?

Envoyez simplement vos nom et adresse aux

Éditions Sang de la Terre et Bornemann

62 rue Blanche 75009 PARIS

Vos grandes perruches
ou
Inséparables

François Leblanc

ÉDITIONS BORNEMANN

Sommaire

1. **Introduction, 7**
   Les Inséparables, oiseaux de compagnie, 8
2. **Choisir vos Inséparables, 11**
   Les transporter et les introduire dans leur cage, 13
3. **L'installation, 15**
   Le bain, 21
4. **L'alimentation, 23**
   Rôle du Gravillon et de l'Os de Seiche, 27
5. **L'apprivoisement, 29**
6. **Les maladies, 37**
   Mue, 39 ; Coupures, 40 ; Arrachage de Plumes, 40 ; Conjonctivite, 40 ; Maladies des yeux, 41 ; Mal de ponte, 41 ; Parasites intestinaux, 41 ; Chocs et contusions, 41 ; Mort dans l'œuf, 41 ; Fractures, 42 ; Amaigrissement, 42 ; Poux, acariens et tiques, 44 ; Plaies à la figure et aux pattes, 44 ; Insolation, 44 ; Arthrite, rhumatismes et crampes aux pattes, 44 ; Croissance excessive du bec et des ongles, 44 ; Constipation, 45 ; Diarrhée, 45 ; Rhumes, 45
7. **L'élevage, 47**
   Tenue des registres d'élevage et baguage des inséparables, 51
8. **Les variétés, 53**
   Agapornis roseicollis, 54 ; Agapornis fischeri, 54 ; Agapornis pullaria, 56 ; Agapornis nigrigensis, 56 ; Agapornis personata, 56 ; Agapornis taranta, 58 ; Agapornis cana, 58 ; Agapornis lilianae, 60 ; Agapornis swinderniana, 60

Tous droits de traduction et de reproduction réservés pour tous pays
© 1996 ÉDITIONS BORNEMANN

ISBN 2- 85182- 535- 6
ISSN 0983-2351

1.
Introduction

Les Inséparables, oiseaux de couleurs vives à queue courte, ont une taille variant de 10 à 18 cm environ. Dans leur biotope naturel, en Afrique tropicale et à Madagascar, ils prospèrent aussi bien dans les régions boisées que dans les plaines ainsi que dans les zones de culture. Ils se nourrissent de

Les amateurs d'Inséparables savent apprécier à leur juste valeur les splendides coloris de leur plumage.

grains, de fruits, de bourgeons, de graminées et de graines. Quoique les Inséparables nichent habituellement en grandes bandes, de petits groupes se détachent parfois pour se reproduire à l'écart. Ces oiseaux passent le plus clair de leur temps, perchés côte à côte, à se nettoyer mutuellement les plumes en se faisant des grâces, mais ils se querellent tout de même de temps à autre. En effet, les couples peuvent se disputer et se battre d'une façon tapageuse !

D'un caractère plutôt calme et discret à l'état dit « sauvage », ils deviennent souvent agressifs lorsqu'ils sont élevés et maintenus en captivité. Ils sont capables de malmener de nombreux oiseaux, même ceux dont la taille devrait, au contraire, les impressionner.

Faisant partie de la grande famille des Perroquets, les Inséparables en ont les principales caractéristiques physiques : bec court et fortement bombé, crâne assez développé, langue charnue facilitant la préhension, plumes conçues pour leur type de vol et pattes dont deux doigts sont pointés vers l'avant tandis que les deux autres sont tournés vers l'arrière.

Les Inséparables grâce à leur robustesse, leur petite taille et leurs couleurs vives sont des oiseaux très populaires auprès des personnes à la recherche d'un animal de compagnie. Les nuances de vert, couleur de base des Inséparables, varient selon les sujets, allant ainsi d'une teine éclatante et soutenue à des teintes pastel très délicates. Leur tête et leur figure sont presque toujours de couleur contrastante, ou du moins, arborent-ils un bec haut en couleur. De ce fait, la plupart des noms désignant les diverses variétés d'Inséparables proviennent du coloris de leur plumage facial.

L'espérance de vie d'un Inséparable peut aller de 15 à 25 ans.

Les Inséparables, oiseaux de compagnie

En achetant un animal de compagnie, vous devez non seulement prendre en considération toutes ses qualités mais aussi tous les inconvénients qu'il risque de présenter. Ces critères vous porteront vers un animal pour lequel vous éprouverez un « coup de foudre » raisonné. Les Inséparables, eux, aiment se sentir à l'aise dans une maison qui leur plaît ! Leur physique attirant, leur amusant comportement et leur personnalité expressive font d'eux des oiseaux d'ornement et de compagnie de toute première qualité. Adoptez un couple si vous désirez réellement mettre en valeur la beauté, le charme et la vivacité de ce type d'oiseau.

Compagnons de perchoir, ils passent beaucoup de temps à se lisser les plumes mais sont, malgré tout, de nature assez belliqueuse. Même les couples, nous vous l'avons déjà dit, se lancent volontiers dans des prises de bec ! Donc, pour limiter tout débordement intempestif, vous aurez à leur assurer un espace vital suffisamment vaste non seulement pour respecter l'amplitude de leur vol mais aussi pour limiter les causes de bagarre ! Mieux vaut, d'ailleurs, les tenir à distance des autres oiseaux car leur agressivité irait jusqu'à intimider des spécimens de taille bien plus imposante que la leur !

Les oiseaux, en général, s'adaptent facilement à des conditions de vie que l'on ne saurait imposer à d'autres animaux domestiques. En effet, aucun appartement n'est trop petit pour accueillir une cage d'Inséparables. Cependant, vous devez savoir que certaines variétés d'Inséparables ne tolèrent pas de vivre à l'étroit et doivent être installés dans une volière. Ces espèces ne peuvent prospérer que dans de grandes volières, implantées à l'extérieur, où leur robuste constitution leur permettrea de survivre aux hivers des zones tempérées. Méfiez-vous des réactions de vos voisins car ces oiseaux bruyants ont une voie aigüe et tonitruante !

D'autres type de Perroquets sont plus faciles à élever que les Inséparables mais, leur petite taille, leur propreté et leur bonne constitution font d'eux de merveilleux oiseaux ce compagnie réclamant peu de soins. Ils vous distrairont sans mettre en danger la vie des enfants, des visiteurs ou même des autres animaux puisqu'ils resteront à demeure dans leur cage.

Vous trouverez les Inséparables en vente dans de nombreuses oiselleries et leur prix variera en fonction de la rareté de l'espèce choisie. N'achetez jamais un Inséparable dans l'espoir qu'il sache un jour parler mais sélectionnez plutôt un oiseau dont l'attachante personnalité vous séduira. Vous aurez du mal à apprivoiser et à dresser un Inséparable mais si vous avez l'intention de vous lancer dans cette aventure, achetez-le très jeune, vers l'âge de cinq à six semaines. Vous devrez alors déployer des trésors d'ingéniosité, de patience et de persévérance pour atteindre votre but.

Les Inséparables exigent peu de soins et leur entretien ne vous ruinera pas. La nourriture et l'eau devront être cependant renouvelée tous les jours, la cage et ses accessoires nettoyés

Les jeunes Inséparables sont plus faciles à apprivoiser que leurs aînés !

régulièrement. Leur régime se compose d'aliments simples disponibles durant toute l'année. Ils sont quelquefois sensibles aux courants d'air et aux brusques changements de température et de régime alimentaire.

Vous pourrez laisser vos Inséparables seuls un jour ou deux en leur laissant de quoi subsister pendant votre absence. Mais dans l'éventualité où cette absence se prolongerait, demandez à une personne de confiance de venir chaque jour s'occuper d'eux en leur apportant de la nourriture et de l'eau fraîche. Vous pourrez aussi, si vous préférez, les transporter ailleurs afin qu'ils reçoivent les soins nécessaires. Veillez cependant à les protéger en permanence des courants d'air et des brusques écarts de température.

Si vous laissez chez vous vos Inséparables libres de voler à leur guise, rappelez-vous que l'on n'a jamais entendu parler d'un Inséparable dressé à être propre... à vos risques et périls !

2.
Choisir vos Inséparables

Choisissez tout d'abord — et c'est évident — un oiseau en bonne santé car un animal malade requiert plus d'attention et de soins.

De nombreux oiseliers et éleveurs proposent à leurs clients, désireux d'acheter un oiseau de compagnie, un Inséparable.

Deux signes de santé et de vitalité qui vous aideront à choisir votre Inséparable : la vivacité et l'éclat du regard... Donc, n'achetez jamais un oiseau qui vous semble abattu.

Adressez-vous à celui qui, ayant une solide réputation, vous semblera à la fois enthousiaste et compétent car c'est lui qui vous conseillera efficacement si besoin est. Il devra avoir depuis longtemps fait ses preuves car un éleveur expérimenté ne vendra jamais un spécimen susceptible d'entacher sa bonne renommée. Si vous devez acheter vos oiseaux dans une oisellerie, regardez l'état des cages : elles devront être propres, bien entretenues et offrir un choix suffisamment riche pour vous permettre de décider en connaissance de cause. En effet, un magasin présentant de telles garanties est aux petits soins pour ses pensionnaires et sera en mesure de vous fournir tout l'équipement et les conseils dont vous aurez besoin pour assurer une vie heureuse à vos oiseaux. De plus, des oiseaux bien logés et bien nourris ont de grandes chances d'être en pleine forme !

Recherchez un Inséparable débordant de vitalité : il inspecte sans arrêt le monde qui l'entoure, d'un œil vif et curieux. Tenez-vous à l'écart de la cage afin d'observer le plus longtemps possible son comportement sans pour autant déranger ses habitudes. Guettez le moindre signe d'agitation, d'abattement ou de léthargie. L'oiseau, sociable, devra s'entendre avec ses compagnons et s'intéresser de près au contenu de ses mangeoires.

Il arborera de plus, un plumage sans défaut, lustré, à la fois gonflant et lisse. S'il a l'air bouffi ou fatigué, il a peut-être, simplement sommeil mais il peut aussi couver une maladie. Un Inséparable en bonne santé dort sur une patte alors qu'un oiseau malade, lui, prend appui sur ses deux pattes pour pallier sa faiblesse. Les doigts auront sur le perchoir, une prise stable.

Tâchez de manipuler votre oiseau dans le magasin afin de l'examiner attentivement : sa poitrine devra être ferme, pleine et renflée, sans aucun os saillant. Écartez systématiquement tout oiseau dont les narines ou les yeux coulent et qui présenterait des blessures ou des plaies à un quelconque endroit du corps. Ses plumes doivent être intactes, propres et lisses. Notez qu'un orifice anal sale ou « pâteux » est signe de diarrhée. Vérifiez la consistance des crottes sur le sol de la cage : elles doivent être petites, fermes (mais non dures), de couleur sombre et contenir un peu de matière blanche. Des déjections molles, glaireuses ou d'une consistance inhabituelle indiquent que l'oiseau est souffrant.

Les mandibules doivent s'articuler correctement sans être ni disproportionnées ni déformées. La respiration devra être posée et régulière — et non laborieuse ou haletante.

Si vous comptez apprivoiser votre Inséparable, achetez-le très jeune en choisissant un oiseau portant des marques noires sur le bec, celles-ci disparaissant chez les spécimens plus âgés. A l'aide d'une technique bien au point, un amateur persévérant arrivera à ses fins, non pas avec des oiseaux d'un certain âge, indisciplinés et coléreux, mais avec des sujets jeunes âgés de cinq à six semaines. Ces oisillons, déjà totalement indépendants de leurs parents, sont aussi en mesure de s'adapter aisément à de nouvelles conditions de vie. Si vous avez la chance de trouver un poussin provenant d'un élevage artisanal, vous aurez moins de mal à l'apprivoiser car il sera déjà habitué à être manipulé.

Si vous voulez réussir dans le domaine de l'apprivoisement, n'achetez qu'un seul et unique Inséparable. Un oiseau vivant au sein d'une communauté portera beaucoup plus attention à son ou ses compagnons, qu'à son maître. Par contre, si vous ne tenez pas à vous engager dans ce processus, achetez deux Inséparables car vous pourrez ainsi encourager leur penchant naturel à la cohabitation. Même des inséparables d'un même sexe peuvent être logés ensemble comme couple, les femelles étant toutefois plus compatibles que les mâles. De plus, deux oiseaux de même sexe ne risquent pas de vous surprendre avec une naissance inattendue ! Certaines femelles cependant pondent parfois des œufs clairs.

L'élevage vous tente... Alors prenez des oiseaux qui ont au moins un an, certains éleveurs attendant même que leur couple reproducteur soit entré dans sa deuxième année avant d'envisager un premier appariement.

Les transporter et les introduire dans leur cage

Les oiseaux sont toujours installés dans des boîtes spécialement conçues pour le transport. Aménagez et préparez la cage à l'avance afin d'abréger le séjour de votre Inséparable dans ce type de boîte.

Puisque les oiseaux craignent les courants d'air et les refroidissements, gardez votre Inséparable bien au chaud pendant le transport. Le voyage sera en lui-même assez éprouvant sans que vous le soumettiez à un choc supplémentaire. Transporter des animaux lorsqu'il fait froid, humide ou lorsqu'il y a du vent les rend encore plus vulnérables.

Peut-être hésiterez-vous à prendre dans vos mains un oiseau surtout si vous ne l'avez jamais fait auparavant... Les Inséparables mordent — c'est incontestable — alors portez, si vous le voulez, des gants de coton fin pour l'attraper. Vous pouvez même enrober le bout de vos doigts de pansements adhésifs ou de sparadrap ! N'enfilez pas de gants épais ou de couleurs vives qui ne feraient que l'effrayer.

Procédez avec douceur mais fermeté pour sortir un oiseau de sa boîte et l'introduire dans sa cage. Saisissez son corps tout entier et non pas seulement sa gorge, ses pattes ou sa queue. Si l'oiseau s'échappe, rattrapez-le avec un filet, un morceau de tissu ou une serviette légère. Vous pouvez aussi faire coïncider l'ouverture de la boîte avec la porte ouverte de la cage. Tenez la boîte bien stable en laissant l'oiseau sautiller vers la cage et y pénétrer.

Vous aimerez peut-être amener votre Inséparable chez le vétérinaire avant de l'installer chez vous. Arrangez-vous avec la personne qui vous l'a vendu pour qu'il vous rembourse ou procède à un échange dans le cas ou l'oiseau que vous aurez choisi s'avérerait malade.

Si vous possédez déjà d'autres oiseaux, placez les nouveaux venus en quarantaine pendant 30 à 60 jours, avant de les loger avec les autres. Certaines maladies mettent plusieurs jours à se manifester et peuvent être transmises à d'autres animaux.

3.
L'installation

Des oiseaux vivant trop à l'étroit perdront leur tonus et deviendront amorphes, ce qui est tout à fait contraire à leurs habitudes. Vos oiseaux devront donc être installés de préférence dans une volière intérieure ou extérieure afin de leur

Les oiselleries disposent d'un grand choix de cages. Laissez-vous guider, dans votre achat, par un vendeur expérimenté.

assurer un maximum d'espace vital leur permettant de voler à leur aise, de perchoir en perchoir.

Les Inséparables peuvent rester dehors toute l'année dans les zones de climat tempéré si vous mettez à leur disposition un abri les préservant du gel et du mauvais temps. Vous trouverez de telles volières en vente dans le commerce mais vous pouvez aussi en contruire une vous-même en recouvrant une armature en métal ou en bois d'un grillage métallique. Souvenez-vous, cependant, que les Inséparables aiment ronger et mâchonner... vous devrez, par conséquent, protéger toutes les parties en bois de cette volière sous peine de la retrouver, à plus ou moins brève échéance, en fort piteux état ! Vous enterrerez ce grillage sur une hauteur de cinquante centimètres environ afin d'empêcher les prédateurs de creuser des tunnels dans le sol, sous l'enceinte de la volière. Des animaux tels que rats, souris et autres rongeurs ne se contenteront pas de manger la nourriture destinée à vos oiseaux mais iront même jusqu'à s'attaquer à eux.

Disposez votre volière de telle sorte qu'une partie de celle-ci soit à l'ombre. Vos oiseaux pourront ainsi se protéger du soleil et de la chaleur. Mettez à la disposition de chaque couple une boîte pour faire son nid tout en prévoyant quelques boîtes supplémentaires destinées à limiter les disputes qu'engendre le choix d'un nid ! Sélectionnez soigneusement les plantes et les arbustes que vous repiquerez ou placerez dans votre volière. Leur toxicite peut être fatale à vos Inséparables qui s'empresseront de les mordiller.

Coulez sur le sol de votre volière une chappe en ciment, un sol de terre battue en se saturant d'excréments pouvant devenir, à la longue, une source de contamination pour vos oiseaux. De plus, les sols en ciment, d'un prix de revient initial plus élevé que les autres types de sol, sont toutefois plus faciles à entretenir et durent plus longtemps.

Pour alimenter vos Inséparables, ne jetez pas leur nourriture à même le sol. Elle serait inévitablement polluée par les déjections des oiseaux. Versez-la dans des mangeoires ou sur des étagères là où les oiseaux pourront la picorer.

Les portes de la volière ne devront pas dépasser la moitié de la hauteur totale de celle-ci pour une bonne et simple raison : les oiseaux, lorsqu'ils sont nerveux ou effrayés, s'envolent... Ils monteront ainsi vers le haut de la volière sans parvenir à s'enfuir par la porte.

Ne choisissez pas une cage trop exigüe, une vaste cage sera toujours un bon investissement, en prévision de l'avenir peut-être...

Vous pouvez aussi équiper votre volière d'un double jeu de portes. Passez la première porte et refermez-la derrière vous avant d'ouvrir la seconde : tout oiseau cherchant à s'échapper sera pris au piège dans le vestibule entre les deux portes.

La plupart des Inséparables peuvent vivre, chez vous, dans des cages. Si vous pouvez vous le permettre, achetez une grande cage facilement intégrable à votre cadre de vie. Elle devra mesurer au minimum 50 cm de haut et 50 cm de côté, une cage trop exigüe limitant malheureusement l'activité de vos oiseaux. En outre, à force de se heurter et de se frotter aux parois d'une telle cage, les oiseaux froisseraient et abîmeraient leurs plumes. Plus la cage est vaste, plus l'oiseau pourra voler, l'exercice lui étant indispensable pour se maintenir en forme.

Choisissez une cage métallique dont les barreaux verticaux sont suffisamment rapprochés pour éviter à l'oiseau de passer la tête et par là même rester bloqué. Des barreaux horizontaux viendront non seulement renforcer la solidité de la cage mais assureront aussi des prises pour l'oiseau qui grimpera aux parois de sa cage. Méfiez-vous... Une cage en bois ne durera pas très longtemps car, comme vous le savez maintenant, ces oiseaux ont des instincts de rongeur !

Certains éleveurs préfèrent loger leur Inséparable dans une cage ressemblant à une caisse dont trois des côtés sont en bois ou en métal, le devant étant constitué de barreaux métalliques ou d'une plaque en verre ou même de plastique transparent. Ils pensent, en effet, que ce genre de cage donne à leur oiseau une plus grande sensation de sécurité tout en étant mieux protégé des courants d'air. Par contre, l'oiseau manquera sûrement de lumière et il sera nécessaire d'installer un tube fluorescent de 15 à 20 W pour diffuser dans la cage une lumière artificielle (bannissez l'usage de l'ampoule électrique dont l'éclat est trop intense et la chaleur dégagée trop importante).

Vous allez devoir maintenant prendre une décision : quel emplacement conviendra le mieux à votre cage, donc à votre Inséparable ? Évitez la cuisine car les brusques changements de température y sont fréquents. Éloignez-la des appareils de chauffage et des radiateurs qui ont un effet desséchant très mal supporté par les plumes de votre oiseau. La pièce, sans fumée, sera en permanence bien aérée, la cage étant placée à l'abri des courants d'air et loin des portes. Les oiseaux en captivité ont un plumage moins épais que ceux vivant dans leur environnement naturel. Ils sont donc plus fragiles et sensibles au froid. Enfin, il est préférable d'installer votre cage dans une zone éclairée indirectement par la lumière du jour car une exposition prolongée au soleil peut provoquer coups de chaleur et insolations.

Placez votre cage à la hauteur des yeux si vous voulez profiter pleinement des mimiques et des pirouettes de votre Inséparable. Calez-la sur un pied ou pendez-la au plafond... mais ne la posez jamais à même le sol, car les oiseaux s'y sentiraient mal à l'aise. En effet, dans la nature, le danger (les oiseaux prédateurs) vient du ciel. Un oiseau aura donc vraiment l'impression d'être en sécurité si sa cage s'appuie contre un mur ou se niche dans un coin. Cette constatation rejoint l'idée émise par ceux qui ont choisi des cages type-caisse mais celles-ci, vous en conviendrez aisément, sont moins belles que les cages métalliques.

De nombreuses cages sont équipées de mangeoires pour les aliments et de fontaines à eau qui peuvent être accrochées aux parois. Ainsi elles ne sont pas renversées par les oiseaux, dont les excréments ne polluent pas leur contenu. A chacune d'entre elles peut même correspondre une porte qui facilitera à la fois le nettoyage et le remplissage. Si vous n'avez pas assez de mangeoires ou si votre cage n'en dispose pas, vous pouvez en acheter. Vous verrez que certaines, comme nous vous l'avons dit, s'accrochent aux parois de la cage et d'autres se posent à même le sol mais attention... pas directement sous les perchoirs où elles seraient rapidement souillées !

Les Inséparables se nourrissent en décortiquant les graines dont ils rejettent l'écale ou la coquille dans les mangeoires. Veillez à ce que les déchets ne s'accumulent pas en les retirant tout au long de la journée... sinon ils finiraient par recouvrir entièrement les graines et les oiseaux avec leur bec crochu seraient bien en peine pour les atteindre. Peut-être préférez-vous utiliser des distributeurs de graines dont les tiroirs recueillant les déchets, peuvent être vidés régulièrement. Mais vous constaterez que la graine est en partie masquée par le tiroir et certains oiseaux auront du mal à la trouver. Assurez-vous donc que votre Inséparable soit en mesure de saisir facilement ses graines avant d'adopter définitivement ce système.

Disposez dans la cage plusieurs perchoirs de diamètres différents. Les pattes et les doigts auront ainsi, en variant les prises, l'occasion de faire de l'exercice. Ne fixez pas les perchoirs au-dessus des mangeoires et veillez à ce que vos Inséparables aient toujours suffisamment d'espace au-dessus de leur tête. Gardez aussi un bon intervalle entre les perchoirs et les parois de la cage afin que ni la queue ni les plumes des ailes ne soient endommagées par des frottements répétés.

Ne surchargez pas la cage d'accessoires inutiles, mais disposez-y des jouets et des gadgets très simples pour distraire vos Inséparables. Ils peuvent — ce qui est très drôle — passer des heures à se faire la conversation tout en se regardant dans un miroir. Faites preuve d'imagination... Quelle joie pour vos oiseaux de pouvoir ronger et mâchonner des petites branches d'arbre ! Ils les dépouillent de leurs feuilles et de leur écorce. Vous pouvez acheter ou fabriquer toute une panoplie pour l'amuser, composée d'une échelle, d'une balançoire, d'une cloche et de bien d'autres jeux. Vérifiez cependant que tous les matériaux non toxiques employés ne présentent aucun angle vif ni petite pièce susceptible d'être cassée puis avalée. Il y va de la vie de votre Inséparable !

Recouvrez le sol de la cage avec du papier ou avec une feuille de plastique. N'utilisez pas de papier journal car l'encre deteindrait sur le plumage de votre oiseau. Répandez dessus des épluchures de maïs ou des copeaux de bois pour obtenir une meilleure capacité d'absorption. Évitez, à tout prix, la sciure de bois car en se dispersant lorsque les oiseaux volent, elle viendrait se coller dans leurs plumes. A moins de recouvrir le sol de la cage d'une grille métallique, n'employez ni sable ni papier de verre... Cette grille empêchera l'oiseau de picorer ou de manger du sable souillé, de la nourriture tombée au sol, lui évitant ainsi de facheux ennuis de santé. De plus, il ne marchera pas dans ses excréments.

Votre Inséparable ne se prendra jamais la tête ou les pattes dans une grille bien conçue. Certaines cages sont munies d'un fond coulissant pour faciliter l'entretien. D'autres présentent un fond amovible, le restant de la cage pouvant être enlevé pendant le nettoyage. Tous les deux ou trois jours, débarrassez-vous de tout ce qui est souillé et faites le ménage de la cage à fond !

Lavez et séchez soigneusement le fond de la cage une fois par semaine et essuyez de temps à autre ses barreaux. Frottez-les avec une brosse dure pour éliminer tous les détritus. Nettoyez aussi les perchoirs avec une brosse, du papier de verre ou un grattoir « spécial perchoirs ». Ils devront, bien entendu, être complètement secs avant que vous ne les remettiez dans la cage. Des perchoirs humides ou sales peuvent être la cause directe d'arthrite, de rhumatisme ou même de rhumes.

Lavez chaque jour les mangeoires et les fontaines à eau avec de l'eau savonneuse. Là aussi, séchez-les bien, car l'humidité accélère la formation de moisissures.

Tout animal pour rester en forme doit prendre du repos. Dans leur biotope naturel, les Inséparables vivent des journées de douze heures et devront donc pouvoir, en conséquence, dormir douze heures d'affilée sans être dérangés. Si la pièce dans laquelle ils se trouvent n'est pas systématiquement plongée dans la tranquillité et l'obscurité, recouvrez la cage d'une couverture ou d'un tissu épais qui pourra même être utilisé pour calmer des oiseaux trop bruyants ou effrayés. Lorsqu'ils seront apaisés, n'oubliez pas, bien sûr, de l'enlever !

Certaines personnes ayant des horaires inhabituels ou tout du moins irréguliers, préfèrent que leurs oiseaux soient éveillés lorsqu'ils sont à la maison. Les Inséparables se plient de bonne grâce à cette routine si leurs maîtres les laissent faire de brèves siestes pendant la journée.

Si vous désirez sortir votre cage, accrochez-la, à l'abri des rayons du soleil, sur une branche relativement haute afin qu'elle soit hors de portée des animaux et des enfants. Si vous devez la poser par terre, surveillez-la constamment même si vous estimez qu'elle est en parfaite sécurité... Vos Inséparables sont des proies sans défense qui ne pourraient même pas fuir le danger.

Le bain

Un bol ou une assiette creuse dont le fond est lesté pour éviter qu'elle ne soit renversée, pourront faire office de baignoire. Sachez que votre Inséparable peut faire trempette pendant des heures et même ressortir trempé « des pieds à la tête ». Il risque d'être, dans un premier temps, craintif et timoré... Alors, n'hésitez pas... Éclaboussez-le pour l'encourager à franchir le pas car s'il se baigne souvent, ses plumes resteront propres et leurs couleurs éclatantes.

Hélas, le rituel du bain peut facilement tourner au désastre... pour vous... de l'eau et du désordre un peu partout ! Offrez-lui donc une baignoire spécialement conçue à son intention. Il pourra s'y ébattre et s'ébrouer sans transformer sa cage en piscine. Si vous vous contentez du bol ou de l'assiette, résignez-vous... le sol de la cage étant trempé, vous devrez, après chaque bain, enlever la « litière », la remplacer et surtout ne pas oublier d'assécher les barreaux.

Certains oiseaux ont horreur de se baigner... Ne les forcez pas ! Vaporisez sur eux, de temps en temps, un peu d'eau tiède.

La bain aura lieu de préférence tôt dans la matinée pour permettre au plumage de sécher avant que la température ne baisse, vers la fin de l'après-midi. Lorsque l'oiseau est humide, il est d'autant plus important de le protéger des courants d'air et des refroidissements.

Par temps chaud, donnez à votre oiseau un bain ou aspergez-le d'eau pour lui assurer un maximum de fraîcheur. Lorsque la température baisse, les douches et les bains n'auront lieu — cela va de soi — que par temps ensoleillé et chaud.

Les Inséparables qui jouissent d'une plus grande liberté de vol pourront même se baigner dans un évier et être arrosés au jet ! Certains oiseaux raffolent de ces jeux et vous les verrez se précipiter vers l'évier dès qu'ils entendent l'eau couler. En conclusion, sachez aussi que l'humidité est particulièrement importante pendant la période d'incubation des œufs.

AVERTISSEMENT

Tous les jouets et les accessoires que vous offrirez à votre Inséparable devront répondre à des normes de sécurité précises... Il y va de la vie de votre oiseau.

4.
L'alimentation

Un régime équilibré, de bonnes conditions de vie, des soins appropriés et de l'exercice préviennent les infections et les problèmes que peut poser l'élevage d'oiseaux en captivité. Si votre oiseau favori tombe malade, cette maladie aura des conséquences beaucoup plus catastrophiques si son corps est mal-

Pour garder votre oiseau en pleine forme, donnez-lui une alimentation équilibrée enrichie périodiquement par des compléments vitaminés ou minéralisés.

nutri. Aucun aliment, quelqu'il soit, n'est en mesure de fournir tous les éléments essentiels à une croissance régulière et à une santé florissante. Vous devrez lui offrir une grande variété de graines, de protéines animales et de verdure pour le protéger de la malnutrition qu'entraîneraient des carences alimentaires. Les mélanges de graines disponibles dans le commerce lui donneront la plupart des protéines, graisses et hydrates de carbone dont il a besoin pour sa survie. Les fruits, les légumes et la verdure sont aussi d'excellentes sources de matières facilitant le transit intestinal, de fibres, de vitamines et de minéraux.

Les protéines sont essentielles à la formation et au développement des tissus. Elles se trouvent dans le poisson, le lait, le babeurre, le fromage, les œufs et le beurre d'arachide. Elles stimulent la production de kératine, indispensable à la formation du bec, des ongles et des plumes.

Si le corps souffre d'un manque de graisses, la peau deviendra sèche ainsi que les plumes. Ces graisses sont nécessaires à l'assimilation de certaines vitamines. Elles aident aussi à réchauffer, isoler et protéger l'oiseau des blessures. Les graines, les huiles de poisson et les œufs en contiennent une importante quantité.

Les graminées, les graines et les fruits contiennent des hydrates de carbone et des éléments qui assurent une bonne digestion de aliments.

Pour atteindre un développement normal de son squelette et une immunité efficace contre la maladie, votre oiseau aura besoin de vitamine A. Elle contribuera à sa croissance et préservera son acuité visuelle, le tonus de sa peau et ses nombreuses muqueuses. Les pommes, les carottes, le maïs, les poires, les œufs, le lait et ses dérivés contiennent de la vitamine A et certains légumes comme le céleri-branche, les épinards, la salade, les pissenlits et des fruits comme les bananes et les tomates en regorgent.

Les vitamines B, elles, sont indispensables, à la fois, à la croissance et à la reproduction. Elle est essentielle au métabolisme des graisses et des hydrates de carbone ainsi que pour l'équilibre du système nerveux. La levure, le germe de blé et le pain complet sont les meilleures sources de vitamine B.

La vitamine C est particulièrement nécessaire à la production des tissus conjonctifs et vous la trouverez surtout dans les agrumes.

La vitamine D joue un rôle prépondérant dans la production de kératine et pendant la période de gestation lors de la formation des coquilles. Elle est impliquée aussi dans l'élaboration des os et dans la régulation équilibrée de certains minéraux. Les œufs et les huiles de poisson sont de bons fournisseurs de vitamine D.

D'autres éléments, vitamines et minéraux sont tout aussi indispensables à l'épanouissement d'un oiseau en bonne santé. Une carence peut entraîner de graves problèmes. Il vous faut donc lui assurer un régime riche, varié et équilibré.

La base même du régime alimentaire de votre Inséparable sera un mélange de graines séchées composé de graines pour canaris, millet, graines de tournesol, avoine et chenevis. Les mélanges préparés pour les perroquets contiennent déjà toutes ces graines et bien d'autres encore... Ayez toujours à votre disposition ce type de mélange. Le système digestif de votre oiseau, par un tri judicieux, en tirera le meilleur parti... Ne craignez rien... Votre oiseau , s'il mange trop, ne pourra pas grossir ! En règle générale, deux tiers de son régime alimentaire sera établi à base de graines, l'autre tiers se composant de légumes, de fruits et de divers autres aliments.

Les Inséparables aiment beaucoup la salade, les épinards, les carottes et le céleri-branche. Ils ne dédaignent pas certaines mauvaises herbes comme les pissenlits et apprécient les petits bourgeons bien tendres. Lavez cependant soigneusement toute cette verdure à l'eau courante pour enlever toute trace d'insecticide, produit hautement toxique pour vos oiseaux. Votre marchand de légumes sera peut-être heureux que vous le débarrassiez régulièrement de ses « invendus » (feuilles de laitues cassées, etc.). Présentez-les dans la cage à l'aide d'une pince à linge en ne lui donnant que ce que vous mangeriez vous-même. Tout aliment passé ou avarié est dangereux pour sa santé. Votre Inséparable est, heureusement, assez difficile et ne mangera pas n'importe quoi !

Vous pouvez donner à votre oiseau toutes sortes de fruits : figues, baies, pommes, bananes, poires, raisins, etc. Glissez des morceaux de fruit entre les barreaux pour que l'oiseau puisse les picorer. Les légumes et les fruits seront distribués de préférence le matin et vous oterez rapidement les restes avant qu'ils ne tournent. Ne les laissez jamais toute la nuit dans la cage car ils commenceraient à pourrir.

Offrez progressivement à votre Inséparable de nouveaux aliments afin que son système digestif s'y adapte plus facilement. Même si votre oiseau semble se désintéresser complètement de ces changements, présentez-lui un vaste assortiment d'aliments pour développer en lui un goût bien personnel.

Des branches lavées (avec leurs feuilles) de peuplier, d'érable, de saule, d'arbres fruitiers et d'autres arbres peuvent constituer un bon apport nutritionnel. Les Inséparables aiment les mâchonner, ce qui satisfait leur instinct de « rongeur ». L'écorce est elle-même riche en minéraux et contient des traces de divers éléments utiles à la santé des oiseaux. Des biscuits aux œufs, des cloches de graines type millet par exemple peuvent être distribués en guise de friandises.

Les légumes verts frais et juteux procurent à votre Inséparable une certaine quantité d'humidité, mais vous devrez tout de même leur donner de l'eau claire à boire. Versez dans cette eau, une ou deux fois par semaine, une solution vitaminée. Quelques gouttes d'huile de foie de morue ou d'huile de germe de blé peuvent être ajoutées périodiquement aux graines surtout pendant la couvaison. Ces graines seront placées dans une mangeoire réservée à cet usage, car à la longue, elles feraient engraisser votre oiseau. De plus, l'huile ayant tendance à rancir, elles pourrissent plus vite que les autres graines.

Ne stocker pas plus de graines qu'il ne vous en faut pour nourrir vos oiseaux pendant trois ou quatre semaines afin d'éviter tout gaspillage. Les graines finissent par dessécher, perdant iansi leur valeur nutritive. Conservez-les dans des boîtes hermétiques à l'abri de l'humidité, dans un endroit sec et frais. Un degré d'humidité ambiant trop élevé engendre rapidement des moisissures qui rendront votre oiseau malade.

Deux tests vous permettent de contrôler cete valeur nutritive de vos graines. Tout d'abord, une graine doit avoir une saveur douce et croquer sous la dent... elle ne doit être ni amère ni âpre. Ensuite, humectez la graine et placez-la dans la terre ou sur un morceau de coton humide. Quelques jours plus tard, si vous maintenez un degré d'humidité constant, vous constaterez qu'elle ne tarde pas à germer. Si elle ne germe pas, elle ne vaut pas plus qu'une vieille graine dessé-

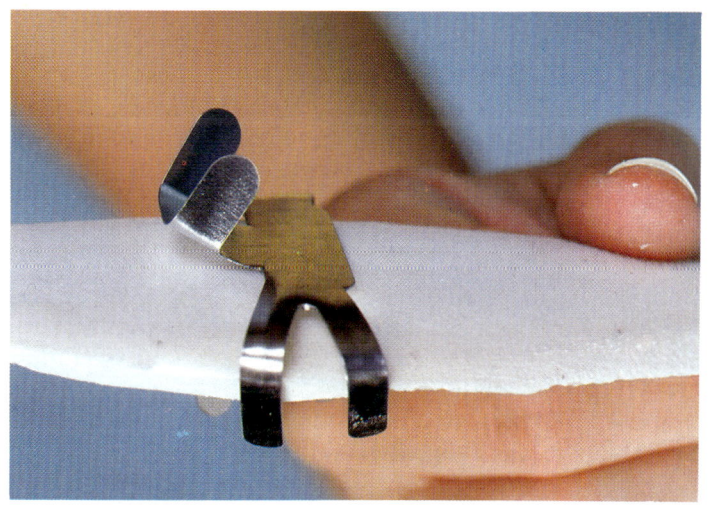

Les os de seiche ne vous ruineront pas et votre Inséparable saura en tirer le meilleur parti. Ne le privez pas de ce dont il a vraiment besoin !

chée ! Les pousses de graines ainsi germées sont saturées de protéines et peuvent servir de complément alimentaire pour vos oiseaux, tout comme les graines trempées vingt-quatre heures dans l'eau. Elles suivent le même processus chimique que les graines germées et procurent à vos Inséparables, de précieux éléments nutritifs.

Si vous suivez ces quelques conseils, vous ne serez pas entrainé dans le cycle infernal des aliments spécialisés, des toniques et des produits revitalisants. Un oiseau bien nourri et bien soigné reste généralement en bonne santé. Un régime carencé et de mauvaises conditions de vie peuvent l'exposer, tout naturellement aux maladies.

Une fois votre Inséparable bien adapté à son nouvel environnement et installé dans son train-train quotidien, évaluez ses besoins alimentaires hebdomadaires (quantité, qualité et variété des aliments). Ce bilan vous permettra de déceler, les cas échéant, des changements dans ses habitudes indiquant une maladie ou une blessure. Notez cependant que pendant la mûe ou par temps froid, les oiseaux mangent plus afin de maintenir la température de leur corps.

Rôle du gravillon et de l'os de seiche

Le gravillon dans le gésier facilite l'assimilation et la digestion des graines et des aliments intégrés. Il joue, par son action de broyage, le même rôle que les dents chez les autres animaux. Il contient aussi des minéraux et quelques-uns des éléments essentiels au bien-être de votre oiseau. Pour bien faire, vous mélangerez à ce gravillon, du charbon ou d'autres matières organiques concassées comme des coquilles d'huîtres ou de bernacles. Certains gravillons prêts à l'emploi et destinés aux oiseaux en contiennent, mais d'autres en sont totalement dépourvus. Achetez-en à part et composez vous-même votre cocktail ! Des coquilles d'œuf séchées et pilées vous serviront de substituts. Ces compléments organiques sont très importants pendant la période de reproduction et de couvaison. Emplissez une mangeoire de ce mélange gravillons/coquilles et remplacez-le une fois par semaine.

L'os de seiche est le squelette — en fait la coquille interne — de la seiche, un poisson d'eau de mer qui s'apparente à la pieuvre ou à l'encornet. Composée en majeure partie de carbonate de calcium, cette lame de calcaire est très utile à la formation des coquilles, au renforcement de la structure osseuse, à la pousse des plumes et à la dureté du bec. De plus, elle aide aussi à prévenir, de ce fait, le mal de ponte. Pendant la période de reproduction et de couvaison, la consommation en os de seiche peut varier du simple au double ! Si vous placez dans la cage un os de seiche, un bloc ou un anneau minéral similaire, le bec de votre Inséparable restera bien aiguisé et ses envies de ronger seront satisfaites.

Les os de seiche sont vendus avec une pince pour les fixer à la cage. Vous pouvez aussi les trouver pour les attacher près d'un perchoir avec du fil de fer.

5.
L'apprivoisement

Malgré le nom qu'ils portent, les Inséparables ne sont pas les perroquets les plus sociables ni les plus faciles à apprivoiser. Les jeunes de cinq à six semaines se prêtent mieux aux exigences de l'apprivoisement car ils viennent de quitter leur nid et sont alors totalement indépendants de leurs parents. Leur

Tous les Inséparables ne sont pas aussi paisible et tendres que ceux-ci… Certains aiment à se quereller.

morsure est aussi moins sévère que celle de leurs aînés ! Un inséparable qui ne présente pas de marques noires sur le bec a déjà plus de deux mois et sera certainement difficile à apprivoiser.

Sachez, en tout état de cause, que plus vous consacrerez de temps à l'apprivoisement, plus vous obtiendrez rapidement les résultats escomptés. Engagez-vous dans un programme régulier, routinier et tenez-vous y stoïquement pendant plusieurs semaines. Ne faites pas endosser à votre oiseau un échec dont vous seul seriez responsable si vous faisiez preuve dans ce domaine de laxisme et de laisser-aller.

L'apprivoisement à la main ou au bâton à l'intérieur même de la cage n'est pas nécessaire avec des Inséparables. Vous seriez certainement mordu plus fréquemment en procédant de cette manière. Travaillez en dehors de la cage car, même si votre oiseau apprend volontiers à rester sagement sur votre main lorsqu'il est dans la cage, une fois à l'extérieur, il s'empressera de prendre la poudre d'escampette !

Vous devrez, avant de commencer cet apprivoisement rogner les ailes de votre Inséparable. Ainsi, il s'éloignera moins de vous avant d'être contraint de se poser. Mais vous serez surpris de voir comment les Inséparables, si petits et légers, se débrouillent pour voler et manœuvrer, même avec des ailes rognées !

L'aire d'apprivoisement doit être située dans une pièce de taille réduite (par exemple : une salle de bains). Les oiseaux n'iront pas loin et vous n'aurez pas à leur courir après ! Veillez à ôter les meubles et les accessoires qui pourraient leur servir de cachette ou les blesser. Vous les trouverez ainsi plus facilement... Assurez-vous que votre Inséparable ne puisse pas s'échapper par une porte ou une fenêtre ouverte. Tirez les rideaux pour qu'il ne se cogne pas contre les vitres et recouvrez les miroirs. S'il n'y a pas de moquette sur le sol, étalez un drap de bain ou tout autre morceau de tissu pour amortir les chocs et permettre une meilleure prise pour l'envol.

Si vous craignez les morsures de votre Inséparable, recouvrez vos doigts de pansements ou de sparadrap. Une paire de gants souples en coton ou en cuir fin vous protégeront aussi, mais bannissez les gants épais ou de couleurs vives car ils effraieraient votre oiseau. Si votre Inséparable vous mord, appuyez doucement vos doigts à l'intérieur de la jointure des mandibules afin de lui faire lacher prise.

Pour apprivoiser petit à petit votre oiseau, demandez à un membre de votre famille suffisamment motivé de consacrer de longs moments aux premières étapes de l'apprivoisement. Il donnera, au cours de la journée, de courtes leçons (de quinze à vingt minutes chacune) pour éviter qu'il ne se lasse ou ne se fatigue trop vite. Limitez les intervalles entre les leçons car il faut toujours assurez la continuité de l'apprivoisement. Chaque fois que vous sortirez votre oiseau de sa cage, entamez une nouvelle leçon : plus vous manipulerez votre oiseau, plus il aura de chances d'être bien apprivoisé.

Réduisez au maximum les sources de distraction autour de l'oiseau. Pour éviter toute dispersion ou confusion, une seule présence est souhaitable dans la pièce : celle de la personne chargée de l'apprivoisement.

Répandez quelques graines devant la cage pour inciter votre Inséparable à sortir. S'il ne veut pas s'aventurer hors de sa cage, allez le chercher avec votre main ou à l'aide d'un bâton. Sifflez ou parlez-lui doucement afin qu'il reste calme. Ne faites pas de gestes démesurés ou brusques qui l'exciteraient ou le rendraient nerveux.

Opérez au ras du sol en vous mettant à genoux, afin de réduire la hauteur des chûtes que votre Inséparable pourrait faire pendant la séance. Déplacez-vous lentement en l'abordant toujours de face. Ne vous faufilez par derrière lui pour le prendre par surprise ! Un oiseau effrayé ne pourra jamais être apprivoisé. Votre Inséparable repoussera peut-être, tout d'abord, vos avances, mais il finira par se détendre en constatant que vous ne lui voulez aucun mal.

Approchez un bâton ou une baguette au niveau de sa poitrine afin qu'il y grimpe... Il s'enfuit ou s'envole... Acculez-le dans un coin pour rendre la manœuvre plus commode. Ne lui courez pas après, mais laissez-le au contraire souffler et renouvelez votre approche. Apprenez-lui à monter et à descendre de cette baguette, soit directement sur le sol, soit sur un autre bâton. Si vous imprimez à votre bâton un mouvement de rotation, il s'avancera et le quittera. Vous verrez que si votre oiseau a mauvais caractère, il saisira la baguette pour la ronger épargnant ainsi votre doigt ! De plus, vous ne regretterez pas d'avoir dressé ainsi votre Inséparable lorsqu'il sera haut perché après une fugue, vous forçant a déployer de véritables talents d'acrobate pour le récupérer.

Une fois l'oiseau habitué au bâton, invitez-le à prendre appui

Cet Inséparable est apprivoisé : il peut passer de la baguette au doigt de son maître.

sur votre doigt. Faites-le passer du bâton à votre doigt, de votre doigt au bâton puis d'un doigt à l'autre. Répétez ces mouvements autant de fois qu'il le faudra... C'est à ce prix que vous réussirez à le discipliner.

Attention ! Si un oiseau utilise son bec pour se stabiliser lorsqu'il grimpe sur votre main, cela ne veut pas dire qu'il a l'intention de mordre.

Laissez l'oiseau perché sur votre main jusqu'à ce qu'il retrouve son équilibre et son calme, puis levez-vous très lentement. Vous devrez sûrement vous y reprendre à plusieurs fois avant qu'il n'apprenne à rester en place. Ne vous découragez pas... D'un mouvement rotatif du poignet, obligez-le à prendre appui sur votre épaule pour recouvrer son équilibre. Mais méfiez-vous... aucun Inséparable n'a fait l'apprentissage de la propreté... Gare aux dégâts !

Récompensez un bon comportement par des caresses, des compliments et des friandises... rien d'autre... ne le grondez surtout pas, il pourrait finir par vous prendre en grippe ! Il mettra peut-être du temps avant d'accepter de la nourriture de votre main. Soyez patient... S'il est particulièrement têtu, retirez toute nourriture de sa cage une heure avant sa leçon. Il acceptera ainsi plus volontiers ce que vous avez à lui offrir. Ne laissez cependant pas votre oiseau sans nourriture pendant trop longtemps et surtout n'utilisez pas cette technique pour le punir. Après chaque leçon, quel qu'en soit le résultat, donnez-lui à boire et à manger car il sera très probablement assoiffé et épuisé.

Rallongez chaque jour les leçons de quelques minutes. Une fois votre oiseau apprivoisé, présentez-lui les autres membres de la famille afin qu'il ne devienne pas exclusivement l'oiseau d'un seul maître, celui qui l'a apprivoisé. Laissez-les alors le nourrir et même jouer avec lui.

Suite à ces divers exercices, votre Inséparable aura au moins appris à se poser sur votre main et à y demeurer tranquillement jusqu'à nouvel ordre. Il s'y sentira en sécurité et vous pourrez ainsi l'examiner en cas de besoin et le soigner convenablement, si nécessaire.

Si vous laissez votre oiseau de temps à autre, voler en toute liberté, mettez à l'abri tous les objets qu'il serait susceptible de mordiller et de ronger. Les Inséparables sont des oiseaux actifs et curieux qui ont une fâcheuse tendance à fureter partout et à faire des bêtises. Surveillez-le bien pour qu'il ne s'attaque pas aux meubles, aux plantes ou aux papiers ! Donnez-lui des jouets spéciaux qu'il pourra mordiller sans être dérangé. Vous en trouverez de nombreux modèles dans les magasins vendant des articles pour animaux.

Nourrissez toujours, si possible, votre oiseau à l'intérieur de sa cage. Il apprendra vite à y retourner quand il aura faim ou soif, alléché par une mangeoire fraîchement garnie d'aliments appétissants.

Utilisez certains des accessoires mis habituellement à la disposition de votre oiseau pour se détendre et apprenez-lui quelques tours très simples : tirer sur une corde, grimper aux échelles, sonner des cloches et déposer des objets dans une tasse ! Encourager son penchant naturel à déployer largement ses ailes... il le fera sur commande. Essayez systématiquement de renforcer l'apprivoisement de base par un dressage plus approfondi. Là encore, la répétition des ordres et des gestes associée aux récompenses vous permettra de réussir. Mais rappelez-vous... n'essayez pas d'inculquer à votre Inséparable trop de tours à la fois. Allez-y progressivement, les introduisant les uns après les autres afin qu'il maîtrise parfaitement chacune de ses activités. Ainsi ni lui — ni vous d'ailleurs — ne ferez de confusion et son attention — comme la vôtre — sera plus soutenue.

Comment rogner l'aile de votre Inséparable

Si vous faites preuve de savoir-faire et de dextérité, votre Inséparable ne souffrira pas. Vous devez lui rogner l'aile pour le forcer à se poser rapidement — après avoir perdu à la fois la maîtrise de son vol et son équilibre — avant qu'il n'ait eu le temps de s'éloigner réellement de son aire d'apprivoisement. Lors des leçons, vous vous fatiguerez moins — et lui aussi d'ailleurs ! Vous retrouverez toujours sans trop de mal un oiseau fugueur dont l'aile a été rognée mais vous pouvez dire adieu à celui qui s'échappe, les ailes intactes !

Pourquoi ne rogner qu'une seule aile de votre Inséparable ? Cet oiseau est un petit poids-plume... une aile rognée et il ne sera plus en mesure de diriger son vol. Un oiseau qui ne peut aller là où il aimerait aller, se décourage rapidement et se plie plus volontiers aux exigences de son maître. Vous serez tout de même surpris de le voir conserver une marge de manœuvre étonnante pour un oiseau dont une aile a été rognée.

Il serait préférable de faire rogner l'aile de votre Inséparable par une tierce personne (vendeur, éleveur ou vétérinaire spécialisé dans le traitement des oiseaux). De cette manière, votre protégé n'associera pas cette opération un peu éprouvante à son nouveau maître ou à son nouveau foyer. Vous pourrez, en outre, observer, afin d'être capable de procéder, à votre tour, à cette taille sur d'autres oiseaux, le cas échéant.

Deux personnes sont indispensables pour mener à bien cette opération : l'une immobilise l'oiseau pendant que l'autre procède à la taille des plumes. L'oiseau doit être maintenu fermement, la tête bloquée entre l'index et le majeur. Tenez-la lui bien droite, sans tirer ni exercer de pression sur le cou. L'annulaire et l'auriculaire soutiendront le dos, le pouce jouant le rôle de perchoir. Surveillez la respiration de l'oiseau et guettez le moindre signe de détresse.

Étendez les deux ailes bien à plat et examiner toutes les plumes attentivement. Choisissez une aile dont les plumes ne comportent pas de vaisseaux sanguins. Ces dernières, qui sont de nouvelles plumes sont encore parcourues par une veine située dans le tuyau, c'est-à-dire dans l'axe de la plume. Elles ne doivent pas être sectionnées sinon elles se mettraient à saigner. Toutefois, si les deux ailes possèdent encore de telles plumes, sélectionnez celle qui en a le moins et taillez simplement autour de ces plumes sans y toucher. Si par inadvertance, vous en coupez une, saupoudrez-la d'une poudre hémostatique et antiseptique pour enrayer l'hémorragie.

A l'aide de ciseaux de coiffeur ou d'une petite pince coupante, rognez tout le long des tectrices de l'aile. Ne touchez pas aux deux premières plumes du bout de l'aile et gardez intactes une ou deux plumes tout près de la poitrine. Vous devez conserver les trois quarts de la plume émergeant de l'aile. Ne taillez pas plus court !

Vérifiez périodiquement la repousse des plumes rognées si vous voulez que votre Inséparable reste ainsi, avec une aile taillée. Entretenez-les, car elles se réforment en six mois environ.

Deux Agapornis personata.

6.
Les maladies

Les Inséparables sont des oiseaux qui, lorsqu'ils jouissent de conditions de vie favorables, font preuve d'une robuste constitution. Si vous les exposez à la malnutrition, la saleté, la contagion, la maladie, et aux brusques changements de température, ne vous étonnez pas si leur santé en souffre ! Par

Soyez aux petits soins pour vos Inséparables et ils vivront très longtemps, comme cet Agapornis fischeri.

Les Inséparables se lissent mutuellement les plumes avec leur bec mais attention... en cas de bagarre, ces becs leur serviront d'armes.

contre, si vous êtes — comme il se doit — aux petits soins pour eux, ils s'épanouissent tout naturellement en captivité.

Mieux vaut prévenir que guérir... En cas d'accident ou de maladie, ne cédez pas à la panique ! Vous soignerez sur le champ tous les petits bobos vous-même par des traitements adéquats. Mais si vous vous sentez dépassé par la complexité d'un problème ou par sa gravité, n'hésitez pas à faire appel immédiatement à un vétérinaire.

Si votre Inséparable tombe malade, vous serez alerté par de nombreux symptômes. Vous constaterez des changements dans son aspect physique et dans son comportement. Son plumage est froissé, en désordre... il vit dans un état léthargique... alors, il essaie de préserver la chaleur de son corps qui a une nette tendance à baisser lorsqu'il est souffrant.

Un nez ou des yeux qui coulent, des déjections différentes de celles émises d'habitude... voilà autant de signes montrant que votre Inséparable est malade ou qu'il couve autre chose qu'un œuf ! Observez ce qu'il mange : un excès de boulimie ou au contraire une soudaine perte d'appétit sont aussi des indices qui ne trompent pas.

Isolez votre oiseau dans une cage hôpital à l'écart des autres oiseaux. Vous pourrez acheter ce type de cage, la louer ou bien la fabriquer vous-même. Recouvrez toutes les parois — sauf le devant — d'une cage standard ou d'une cage plus petite, de tissu ou de plastique. Vous supprimerez ainsi les courants d'air et toutes les stimulations venant de l'extérieur qui pourraient exciter la malade. Suspendez une ampoule ou placez une bouillote dans la cage afin d'augmenter la température ambiante. Elle doit toujours avoisiner les 32° C.

Retirez tous les jouets et les perchoirs de la cage. Posez la nourriture ainsi que l'eau, à sa portée, sur le sol. Un oiseau malade peut se montrer difficile quant au choix de ses aliments. Donnez-lui donc ceux qui lui plaisent... essayez de lui assurer un régime équilibrée mais veillez avant tout à ce qu'il mange.

Utilisez une serviette de toilette ou un gant pour transférer d'une cage à l'autre un Inséparable qui n'est pas apprivoisé. Si l'oiseau est apprivoisé, ces précautions, bien sûr, ne seront pas nécessaires.

Si vous devez amener votre Inséparable chez un vétérinaire, emmitoufflez-le afin que son état ne s'aggrave pas.

Mue

Tout au long de l'année, les plumes qui tombent sont remplacées par d'autres plumes, mais si votre oiseau en perd trop, il souffre peut-être d'une température ambiante excessive ou de carences alimentaires. Éloignez-le des sources de chaleur qui provoquent le dessèchement de la peau et modifiez, si nécessaire, son régime. N'oubliez pas d'ajouter périodiquement à

Ici, le maître examine la poitrine d'un Agapornis roseicollis mâle.

ses rations quelques gouttes d'huile de foie de morue ou des graines, elles aussi, riches en huile. Par ces compléments, vous garantirez le tonus de la peau et l'éclat de son plumage. Faites-lui prendre pour son bien de nombreux bains et douches.

Coupures

Désinfectez-les à l'aide d'un coton ou d'une compresse imbibée d'eau oxygénée. Exercez, si besoin est, une pression sur une blessure saignant abondamment afin de stopper l'hémorragie. Vous pouvez aussi utiliser une poudre hémostatique et antiseptique.

Arrachage des plumes

Il s'agit là d'une très mauvaise habitude ! L'oiseau arrache ses plumes, elles s'abiment et son corps présente des zones complètement nues. Il s'ennuie ou peut-être est-il anxieux ? Est-il éprouvé par trop de pontes successives ou par un régime appauvri en sels minéraux ? Agissez alors en conséquence.

Conjonctivite

Les yeux coulent, votre Inséparable ferme ou cligne souvent les yeux... Si ce problème s'aggrave, voyez un vétérinaire qui prescrira un médicament efficace.

Le Comportement d'un oiseau en dit long sur son état de santé. Ayez-le à l'œil !

Maladies des yeux

L'anneau blanc situé autour de l'œil peut présenter des rougeurs ou des irritations qui sont, soit le signe d'une maladie des yeux, soit les symptômes d'une autre infection ou d'une blessure à l'œil. Demandez, là aussi, conseil à un vétérinaire.

Mal de ponte

Le femelle respire avec difficulté et promène autour d'elle un regard angoissé, car elle n'arrive pas à pondre un de ses œufs dont la coquille est trop molle. Quatre causes possibles : le régime pendant la période de couvaison était désiquilibré et carencé, la femelle n'a pas disposé de suffisamment d'exercice, la femelle est trop jeune ou la femelle est trop grosse...

N'essayez pas de la délivrer vous-même car la coquille en se rompant provoquerait sa mort. Faites plutôt couler quelques gouttes d'huile minérale dans l'orifine anal et déposez-la bien au chaud sur une bouillote. Appelez le vétérinaire pour savoir ce que vous pouvez faire.

Parasites intestinaux

Les Inséparables en sont rarement infestés. Si vous constatez cependant que votre oiseau maigrit tout en mangeant beaucoup, faites faire une analyse de ses déjections par votre vétérinaire. Il pourra établir un diagnostic et recommander un traitement efficace.

Les parasites passant des excréments aux aliments, veillez à ce que votre oiseau ne consomme pas de nourriture ou d'eau souillée afin de ne pas subir une nouvelle infestation.

Chocs et contusions

Un oiseau qui a été blessé reste étendu, immobile et pousse de petits cris craintifs. Sa respiration est faible et son regard trouble. Ne le déplacez plus, après l'avoir installé dans un endroit calme et chaud. Évitez de le déranger et mettez à sa portée de quoi boire et manger. Votre oiseau mettra peut-être du temps à se remettre... Vous pourrez ensuite l'examiner afin de soigner, si nécessaire, ses autres blessures.

Mort dans l'œuf

Il arrive assez souvent que des poussins d'Inséparables meurent dans l'œuf, avant même d'être couvés et d'éclore. Ceci est dû au manque d'humidité dans le nid ou à des carences dans le régime de la mère. Veillez donc à maintenir un degré d'humidité élévé dans le nid et donnez de fréquents bains aux parents pour que leurs plumes mouillées gardent les coquilles humides, elle aussi.

Fractures

Ne tentez jamais de réduire vous-même une fracture car la blessure pourrait être bien plus sérieuse qu'il n'y paraît. Une fracture mal réduite ou mal bandée — à la patte par exemple — peut rendre votre oiseau infirme à vie et incapable d'être un bon reproducteur. Voyez rapidement un vétérinaire, car la cicatrisation prendra plusieurs semaines.

Amaigrissement

Votre Inséparable se met à maigrir et vous ne savez pas pourquoi... Peut-être est-il malade ? Donnez-lui des aliments susceptibles de le faire engraisser : flocons d'avoine, graines de tournesol, pain imbibé de lait et grains de maïs. Parlez-en à un vétérinaire qui vous indiquera un produit pour stimuler son appétit.

Les Inséparables, vivant en communauté, exigent une attention soutenue afin de détecter plus rapidement une éventuelle maladie contagieuse.

Lorsque vous prenez un Inséparable pour l'examiner, veillez à ne pas le serrez trop fort !

Poux, acariens et tiques

Si votre Inséparable se gratte sans arrêt et semble se mordre littéralement les plumes, recherchez des traces de parasites externes qui envahissent sa peau, ses plumes et se nourrissent de son sang. Désinfectez immédiatement la cage ainsi que ses accessoires, **tous** sans exception... Frottez-les avec une brosse à chiendent et badigeonnez-les avec une solution contre les parasites, vendue dans le commerce. Un vétérinaire saura vous conseiller un bon traitement pour votre oiseau.

Plaies à la figure et aux pattes

Elles sont provoquées par une infestation de sarcoptes, petits acariens qui véhiculent la gale. Ces plaies, comme des écailles, se développent tout d'abord sur la cire du bec, puis sur le bec, s'étendent aux yeux, à l'orifice anal et enfin envahissent les pattes, l'oiseau se démangeant sans cesse. Traitez cette infection dès le début, si vous désirez en venir à bout rapidement !

Insolation

Votre Inséparable souffre d'une insolation... Par votre négligence, vous êtes le seul coupable ! Vous l'avez certainement laissé trop longtemps exposé à une lumière intense, fût-elle directe ou indirecte. Plus vous tardez à vous en apercevoir, moins votre oiseau a de chances de se rétablir ! Arrosez-le ou frottez-le doucement avec de l'eau fraîche jusqu'à ce qu'il réagisse.

Arthrite, rhumatismes et crampes aux pattes

Ces affections sont souvent dues à des perchoirs humides et sales, de trop petit diamètre pour assurer une bonne prise ou encore à une cage trop exiguë. Donnez à votre oiseau suffisamment d'espace pour qu'il puisse s'ébattre et installez-lui des perchoirs de différents diamètres pour permettre aux pattes et aux doigts de faire de l'exercice. Lavez-les régulièrement et surtout, laissez-les sécher complètement avant de les remettre dans la cage.

Croissance excessive du bec et des ongles

Mettez à la disposition de votre Inséparable des os de seiche et des jouets qui lui permettront d'assouvir à la fois ses envies de ronger et de limer constamment son bec. Si son bec pousse vraiment trop, laissez un vétérinaire s'en occuper. Par contre, vous pourrez vous même couper les ongles de votre oiseau, avec un coupe-ongles, petit à petit, en faisant attention de ne pas endommager les vaisseaux sanguins qui le parcourent. Nettoyez-les avec de l'eau oxygénée et appliquez, en cas de saignement, une poudre hémostatique et antiseptique. Égalisez toutes les aspérités avec une lime à ongles. Sachez que les perchoirs en bois naturel contribuent à garder des ongles en bon état.

Constipation

Votre oiseau a du mal à évacuer ses crottes qui sont peut-être petites et dures ou même inexistantes... Son régime doit être mal équilibré. Vous devez accroître les apports en verdure et en légumes verts. En cas de constipation sévère, le vétérinaire pourra prescrire un laxatif.

Diarrhée

La diarrhée est habituellement aussi le symptôme d'une autre maladie. Les déjections sont molles, aqueuses et de couleurs variées. Elles sentent parfois mauvais. La perte de poids et la déshydratation sont considérablement rapides car un Inséparable ne pèse vraiment pas lourd ! Supprimez de son régime, fruits et légumes jusqu'a ce que les déjections redeviennent normales.

Un oiseau nerveux, mal nourri ou qui a absorbé des aliments ou de l'eau polluée peut avoir la diarrhée.

Rhumes

Un oiseau enrhumé au plumage froissé, est léthargique, son nez ou ses yeux coulent. Il peut aussi renifler, tousser ou éternuer.

Gardez-le bien au chaud. Bannissez la verdure et les fruits juteux de son régime. Consultez un vétérinaire s'il tarde à guérir car un rhume mal soigné peut dégénérer en des affections respiratoires bien plus graves !

7.
L'élevage

Pour élever des Inséparables, vous installerez dans un nid confortable, un couple de véritables Inséparables et vous leur assurerez une alimentation bien équilibrée. Si leur régime est carencé, ils seront plus vulnérables aux maladies, au mal de ponte, et leurs œufs risquent d'être clairs. Par la suite, cer-

Dans un nid, voici des œufs et des Inséparables tout juste éclos !

tains parents pourraient refuser, ou même devenir totalement incapables d'élever et de soigner convenablement leurs petits. Si pendant cette période, ils ne conçoivent que des graines, les oisillons seront minuscules et chétifs. Sujets aux maladies, ils auront ainsi une espérance de vie très faible.

Les éleveurs ont une difficulté de taille à surmonter : comment choisir un couple composé réellement d'un mâle et d'une femelle ? En effet, de temps à autre, les mâles agissent comme des couples mariés et des « couples » de femelles pondent et couvent parfois des œufs clairs. Pour déjouer ce piège, achetez un couple ayant déjà fait ses preuves, ou si vous possédez une volière, procurez-vous plusieurs Inséparables en les laissant faire d'eux-même leur choix !

N'essayez pas d'apparier des Inséparables qui auraient moins d'un an, même s'ils semblent avoir atteint leur maturité sexuelle. Les petits, nés de parents trop jeunes, sont souvent fragiles et le pourcentage d'œufs clairs ou d'oisillons morts dans l'œuf est assez élevé pour une même couvée. Pour remédier à cet état de chose, certains éleveurs attendent pour le premier appariement, que les oiseaux soient entrés dans leur deuxième année.

Vous pourrez acheter une boîte-nid destinée aux perroquets pour élever vos Inséparables, mais vous pourrez tout aussi bien la réaliser vous-même. Confectionnez une boîte en bois (attention : les Inséparables aiment ronger et mordiller) de 13 cm sur 15 cm et haute de 18 cm. Le couvercle devra être articulé pour faciliter l'accès et vous n'oublierez pas de ménager des trous d'aération sur le haut de la boîte. Percez, à 5 cm du couvercle, un trou de 5 cm de diamètre environ, juste assez large pour permettre aux oiseaux d'entrer tout en leur assurant un maximum d'intimité. Une entrée située à ce niveau empêchera les oisillons téméraires de tenter trop jeunes des sorties ! Fixez un perchoir sous la porte pour faciliter la vie des parents. Placez le nid en hauteur dans la cage ou la volière afin que les oiseaux se sentent plus en sécurité. Si vous ne disposez que d'une cage, attachez-le à l'extérieur pour gagner de la place : découpez un ou deux barreaux de cette cage et faites coïncider l'entrée du nid avec l'ouverture ainsi pratiquée. Lorsque vous retirerez le nid, remplacez les barreaux ou les morceaux de barreaux manquants par une tige de métal, un bout de cintre métallique par exemple. Pour dissuader les adultes de ronger leur nid, mettez-y régulièrement des petites branches vertes et feuillues.

La meilleure période pour la couvaison est sans aucun doute le printemps. On peut trouver en abondance graminées et légumes frais. Les jours s'allongent et les oisillons peuvent être ainsi dorlotés plus longtemps... L'été est vraiment trop chaud... quand à l'hiver, le froid qui y règne ne fait qu'augmenter leurs chances d'être malades !

Un taux d'humidité de 65 % est tout à fait vital pour le développement des œufs. Pendant cette période de couvaison, un humidificateur vous sera fort utile. Vous pourrez même vaporiser de l'eau chaque jour sur la boîte contenant le nid, dans le nid et sur les œufs afin de les garder bien humides. Disposez dans la cage, ici et là, des matériaux de nidage tels que brindilles, sphaine, copeaux de bois et bouts d'écorce pour que la femelle puisse en garnir la boîte et y construire son nid. Elle trempera peut-être ce matériau, bout par bout, dans l'eau de la fontaine ou du bain avant de l'emporter. Vous veillerez donc à ce qu'elle ait, en permanence, de l'eau fraîche qu'elle utilisera de cette manière ainsi que pour boire et se baigner. Les adultes retournent au nid après leur bain et leurs plumes mouillées préservent l'humidité du nid. Cette humidité assouplira la coquille des œufs pour faciliter, en temps voulu, l'éclosion.

Après l'appariement, la femelle passe le plus clair de son temps dans la boîte-nid et le mâle vient la nourrir. Elle continue à construire son nid et ses crottes grossissent. Cinq à six jours après l'accouplement, un renflement apparaît à la base de sa queue et elle pond son premier œuf, blanc et arrondi. Une série de quatre à cinq œufs sera ainsi pondue, au rythme de un par jour. Après une période d'incubation de sept jours, les œufs fécondés portent des veines rouges tandis que les œufs clairs restent opaques. L'incubation se poursuit, et au bout de vingt et un à vingt-quatre jours, les poussins commencent à sortir de leur coquille, dans l'ordre dans lequel les œufs ont été pondus. Pendant tout ce temps, la femelle ne quitte son nid qu'une ou deux fois par jour, pour aller faire ses besoins, se baigner, se nourrir et se désaltérer.

Si dans l'espace de trois ou quatre semaines, l'accouplement n'a toujours pas eu lieu, vos Inséparables sont peut-être souffrants. Essayez de les changer de place ou de leur donner d'autres matériaux de nidage ! Si vous échouez dans cette tentative, changez le ou les partenaires. Si l'accouplement a eu lieu sans donner suite à des œufs, vous devrez envisager une autre femelle. Si la ponte a eu lieu, les œufs étant tous clairs, sachez que cela arrive assez souvent. Après un ou deux essais ratés, la prochaine couvée sera la bonne. Si vraiment vous n'obtenez que des résultats désastreux, cherchez un autre mâle reproducteur.

Les oisillons qui viennent de naître sont aveugles, couleur chair et couverts de duvet. Leurs coloris varient d'un blanc incertain au rouge-orange selon les espèces. Ils sont capables de voir à l'âge de douze jours et peu après, les premières petites plumes commencent à pousser. A vingt jours, les plumes se déploient le long de leur tige et petit à petit, leur plumage prend corps.

La femelle nourrit ses petits par régurgitation et le mâle vient parfois lui donner un coup de main. Vers cinq ou six semaines, les oisillons s'aventurent hors de la boîte servant de nid et s'exercent à voler. Ils retournent au nid la nuit pour y dormir. Une semaine de plus, et ils ont oublié le nid. Ils restent dans la cage pour y passer la nuit. Leurs becs sont toujours un peu mous, alors donnez-leur des graines détrempées. Placez leurs mangeoires ainsi que leur fontaine à eau sur le sol, car ils ne seront peut-être pas en mesure de trouver celles des adultes. A l'âge de six à huit semaines, les jeunes sont devenus totalement indépendants.

Vous serez peut-être amené à élever les poussins vous-même si leurs parents les maltraitent ou les abandonnent. Certains éleveurs retirent systématiquement les petits à leurs parents, deux à trois semaines après l'éclosion des œufs, car ils pensent que les Inséparables élevés ainsi par des humains, sont plus dociles, plus affectueux et moins agressifs que ceux qui sont apprivoisés de très bonne heure. Ces poussins sont logés tous ensemble dans un nid confortable et chaud. Ils sont tout d'abord nourris quatre fois par jour avec une petite cuillère ou un compte-gouttes. Les repas sont ensuite réduits à deux ou trois par jour, des rations plus importantes leur tenant plus au corps. Leur bec, étant encore mou, il ne peuvent manger des graines et on doit les nourrir avec des mixtures spéciales destinées à ce type d'alimentation ou avec un mélange fait « maison » à base de farines pour bébé et de petits pots de légumes, toujours pour bébé... Cette pâtée doit rester humide et chaude, dans un chauffe-biberon par exemple. Nettoyez les poussins qui bavent ou recrachent avec un linge mouillé ou un bout de coton car des aliments séchés sur leur corps peuvent les irriter et les blesser. Plus le bec durcit, plus leur alimentation varie. On passe des graines détrempées aux graines dures. Lorsque les oisillons commencent à avoir des plumes, ils sont transférés dans une cage-pouponnière.

Même si les jeunes sont encore dépendants de leurs parents, ceux-ci peuvent, de nouveau, se reproduire. Si vous n'y tenez pas, retirez la boîte-nid, ce qui découragera tout accouplement. Ne permettez pas la ponte de plus de deux couvées par saison. Cette surproduction nuirait à la santé des adultes aussi bien qu'à celles des oisillons.

Tenue des registres d'élevage et baguage des Inséparables

Vous devez tenir un registre d'élevage où figurent en clair tous les appariements de vos oiseaux élevés en captivité. Les informations porteront sur les parents de l'oiseau, son sexe, sa date de naissance, ses caractéristiques — ses qualités et ses défauts... Vous devez inscrire aussi des dates de couvaison, la date de la ponte, le nombre de poussins et le numéro de leur bague. Ces faits, dûment enregistrés, vous permettront de choisir et former de magnifiques couples. Vous pourrez élever des oiseaux sains et de très belle qualité pour les apparier, en laissant de côté les spécimens douteux ou ceux qui ne sont pas de bons reproducteurs. Vous éviterez aussi un élevage trop intensif.

Les bagues sont très pratiques pour identifier vos oiseaux et contrôler la reproduction. Elles sont obligatoires pour les oiseaux de concours. Ils ne peuvent pas être inscrits sans cette bague. Certains parents n'apprécient pas que l'on mette des bagues à leurs petits et font tout pour les leur ôter ! Heureusement, il existe des types de bagues pouvant être utilisées quel que soit le cas.

La bague fermée doit être fixée sur l'oiseau à une époque bien déterminée de sa croissance. Si le poussin est trop jeune, la bague glissera et sera égarée. Si, au contraire, l'oisillon est trop âgé, cette bague ne passera pas sur la patte. Graissez la patte avec de la vaseline ou de l'huile pour bébé. Glissez la bague sur les deux doigts de devant, en remontant la patte jusqu'à ce qu'elle passe les doigts à l'arrière. Puis essuyez la patte tout entière avec un chiffon propre et doux. N'utilisez que des bagues en métal, car celles en plastique seraient vite rongées. C'est peut-être l'éclat de ses bagues en métal qui déplait tant aux mères... alors brunissez-les à la chaleur d'une flamme et attendez pour les mettre qu'elles aient refroidi.

Les bagues ouvertes, elles, peuvent être placées sur des oiseaux de tout âge et de toute taille. Elles sont fermées par un dispositif spécial qui les ouvre et leur permet de s'adapter à la patte même de l'oiseau.

Ces bagues s'achètent dans des magasins spécialisés mais vous pouvez aussi vous les procurer par l'intermédiaire de votre club local d'amateurs d'oiseaux. Vous pourrez même les faire marquer à votre nom et à votre adresse.

Si vous chargez un oiselier de vendre un ou plusieurs oisillons provenant de votre élevage, sachez que les bagues restent le seul moyen de les identifier.

8.
Variétés

Il existe presque dix espèces différentes d'Inséparables, mai la plupart d'entre elles ne sont pas commercialisées. Aux États-Unis et en Angleterre, les espèces les plus couramment représentées sont : l'Agapornis roseicollis, l'Agapornis fischeri et l'Agapornis personata.

Vous ne verrez qu'assez rarement un Agapornis Lilianae.

Agapornis roseicollis

Il est surtout originaire de l'Afrique du Sud-Ouest. Sa tête est rose vif avec des joues, un cou et une poitrine tirant sur le rose ou le pêche. Le corps de cet oiseau est vert, portant sur le croupion une tache de bleu. La queue et les plumes des ailes sont un peu barrées de noir. Le bec, lui, est couleur corne et les pattes sont grises. Les mâles et les femelles de cette espèce sont identiques.

Ces Inséparables ont assez mauvais caractère et sont agressifs, non seulement envers les autres oiseaux, mais aussi envers leur partenaire. Vous éviterez donc d'introduire dans une cage communautaire ou dans une volière, un couple de cette espèce. En général, ce sont les femelles qui sont les plus sociables. Si vous voulez former un couple sans vous lancer dans l'élevage, choisissez plutôt deux femelles assez calmes... De tous les Inséparables, ce sont eux qui sont les plus bruyants... ou presque.

Il est certain que cette espèce est très populaire auprès des éleveurs puisqu'elle compte à elle seule autant de spécimens que toutes les autres espèces réunies. La femelle transporte les matériaux de nidage sous les ailes du bas du dos et du croupion. On peut voir assez souvent le mâle tenir compagnie à la femelle, pendant qu'elle couve les œufs.

Agapornis fischeri

Il provient de la région d'Afrique appelée Victoria Nyanza. Vous pourrez les trouver facilement mais devrez, en tout état de cause, les installer dans une grande volière. Si vous les confinez dans une cage, ils vous montreront vite leur mécontentement : soit ils se mettront à muer en permanence, soit ils se mettront à grossir (ce qui raccourcit leur espérance de vie) soit ils cacheront leur tête dans un coin pour marquer leur manque d'intérêt dans la vie que vous leur offrez.

La couleur la plus répandue de cette espèce est le vert, avec une tache de bleu sur le croupion. Les plumes vertes de la queue ont le bout bleu aussi. La poitrine, le cou et la tête sont rouge-orangé, la couleur étant plus vive sur le front et palissant vers le cou. Le bec est rouge et les pattes gris-marron. Les sexes se ressemblent mais l'espèce a un anneau blanc autour de l'œil.

Agapornis taranta dûment bagué.

Agapornis pullaria

Il s'agit d'une espèce peu résistante et qui requiert, dès son importation, des soins attentifs. Si certains spécimens semblent vouloir s'adapter à la vie en cage, ce n'est pas le cas de la majorité de ces Inséparables qui n'apprécient pas du tout d'être à l'étroit. Dans de grandes volières, leur constante activité font d'eux des oiseaux très intéressants à observer.

Originaires du centre de l'Afrique, ces Inséparables sont en général moins hauts en couleur que les autres Inséparables et les sexes sont quelque peu différents. Le corps de l'oiseau est vert, le croupion étant bleu et les pattes grises. Le bec est rouge-orangé, le dessus de la tête et le front arborent des couleurs vives qui vont en palissant sur les joues et le cou. Les couleurs de la femelle sont plus fades, son cou tirant vers le orange plus que vers le rouge. Les zones de couleur rouge sont aussi moins grandes que chez le mâle. Les plumes situées sous l'aile sont vertes, tandis que chez le mâle, elles sont noires.

Ils sont difficiles à élever en captivité car dans leur biotope naturel, ils utilisent les termitières pour installer leur nid !

Agapornis nigrigensis

Cette espèce que l'on retrouve en Zambie et aux alentours, ne comporte que peu de spécimens, ce qui justifie son prix élevé. On ne peut que déplorer cet état de choses, car ces Inséparables, sont de loin, les plus amicaux, les moins agressifs et les plus adaptés à la vie en cage. Avec le temps, on peut les apprivoiser mais ils sont plus aisément maniables quand c'est leur maître qui s'occupe d'eux ! Les adultes étant de bons parents, ils sont donc assez faciles à élever. De robuste constitution, ils résistent bien aux variations de température.

Dans cette espèce, les sexes sont identiques, les corps verts et les becs roses. Le front est brun, plus clair sur le dessus, mais plus foncé sous les yeux. Les joues et la gorge sont brun foncé, mais pas noir. Une tache distinctive saumon ou rougeâtre s'étale sur la gorge. Les yeux comportent un anneau blanc.

Agapornis personata

Importés d'une zone entourant la Tanzanie, ces Inséparables sont très robustes car ils peuvent endurer sans problème des températures avoisinant le 0° C et des gelées. Un couple peut devenir, avec le temps, calme et paisible, même si le caractère

Agapornis cana. Mâle de Madagascar.

de ces oiseaux n'est pas particulièrement agréable quand ils se querellent avec des oiseaux d'autres espèces ou avec d'autres couples de la même espèce.

Lorsqu'un couple a décidé de s'accoupler, il peut continuer de le faire pendant toute l'année. Ne le laissez pas suivre ses envies, car l'hiver est une très mauvaise période pour la couvaison. Le mal de ponte y est fréquent et les oiseaux ne doivent pas, de toute manière, se reproduire à ce rythme, leur santé en pâtirait ! Ces parents construisent ensemble le nid et sont très difficiles quant à la qualité et au choix des matériaux dont ils disposent pour ce faire.

La couleur de la tête est typique de ce cet oiseau ; elle est noire mais peut évoluer vers le brun foncé. Le cou et la nuque sont jaune vif, tandis que le dessus de la tête derrière ainsi que la gorge sont plus pâles. Les ailes, le dos, les plumes de la queue sont vertes tandis que les flancs sont jaune-vert. Le croupion est bleu est les plumes de la queue ont des marques noires. Le bec est rouge et les pattes marron. Cette espèce a aussi un anneau blanc autour des yeux.

Agapornis taranta

Originaires d'Éthiopie, ces Inséparables sont plus grands, plus épais et moins beaux que les autres Inséparables. S'ils sont robustes, ils ne sont pas faciles ni agréables à élever ou à apprivoiser. Ils se laissent très difficilement manipuler et sont agressifs tant avec les hommes qu'avec les autres oiseaux.

Leur corps est de différentes sortes de vert mais aucune n'est belle et brillante. Le mâle, sur son front, porte une bande rouge et quelques plumes rouges poussent autour de l'œil, mais non pas chez la femelle. Les plumes des ailes et de la queue ont quelques traces de noir et le bec est rouge.

Agapornis cana

Cet Inséparable s'élève extrêmement difficilement : il est rare donc, très cher. Ils sont plus petits que la plupart des autres Inséparables mais tout aussi nerveux et querelleurs. Un mâle et une femelle peuvent se battre, tant et si bien, que vous devrez les séparer jusqu'à l'accouplement. Pendant l'incubation, la femelle couve les œufs et le mâle s'occupe d'elle.

La tête et le haut de la poitrine du mâle sont de couleur grise et le reste du corps vert. On peut voir des traces noires sur la queue. La femelle ne porte pas de gris, son bec est couleur

corne tandis que celui du mâle est argenté. Tous les deux ont les pattes grises.

Agapornis lilianae

Cette espèce, qui est probablement la plus petite des espèces d'Inséparables est importée de Rhodésie et du Malawi. Ces Inséparables se reproduisent très mal en captivité car ils sont souvent stériles.

Le bec est rouge, le front, les joues et la gorge orange. Là couleur passe du orange ou jaune puis au vert sur la nuque. Ce vert s'étend sur tout le corps. Les pattes sont marron-gris et les yeux sont cerclés d'un anneau blanc.

Agapornis swinderniana

On le trouve à l'ouest de l'Afrique et au Congo mais il est rarement importé. Les oiseaux sont verts avec un croupion bleu. Ils possèdent une sorte de collier noir derrière le cou. Le bec aussi est noir.

BORNEMANN
LE MODE D'EMPLOI DES LOISIRS

OISEAUX

- Élevage moderne des canaris	L. Gicquelais
- Votre Perruche ondulée	D. Buci
- Vos grandes Perruches	F. Leblanc
- Votre Perruche Calopsitte	N. Deseyne
- Le Jaco ou Gris d'Afrique	B. Darchen
- Les oiseaux des Iles	A. Blanchon
- Les oiseaux parleurs	C.M. Laurent

Vous intéresse-t-il d'être tenu au courant des livres publiés par l'éditeur de ces ouvrages ?

Envoyez simplement vos nom et adresse aux

Éditions Sang de la Terre et Bornemann

62 rue Blanche 75009 PARIS

Imprimé en Italie pour les Éditions BORNEMANN
par
Industrie Grafiche Editoriali MUSUMECI S.p.a.
Quart (Aoste)

Dépôt-légal : $2^{\text{ème}}$ trim. 1996